Este libro es dedicado a mis hijos- Mikey, Kobe y Jojo.
Sigan haciendo preguntas y el aprendizaje nunca cesará.

Copyright © Grow Grit Press LLC. Todos los derechos reservados. Ninguna parte de este libro puede ser reproducida en ninguna forma sin el permiso por escrito de la editorial. Por favor, envíe solicitudes de pedido al por mayor a growgritpress@gmail.com 978-1-63731-362-6 Impreso y encuadernado en los Estados Unidos. NinjaLifeHacks.tv

El Ninja Curioso

Por Mary Nhin

Antes no me interesaban mucho las cosas...

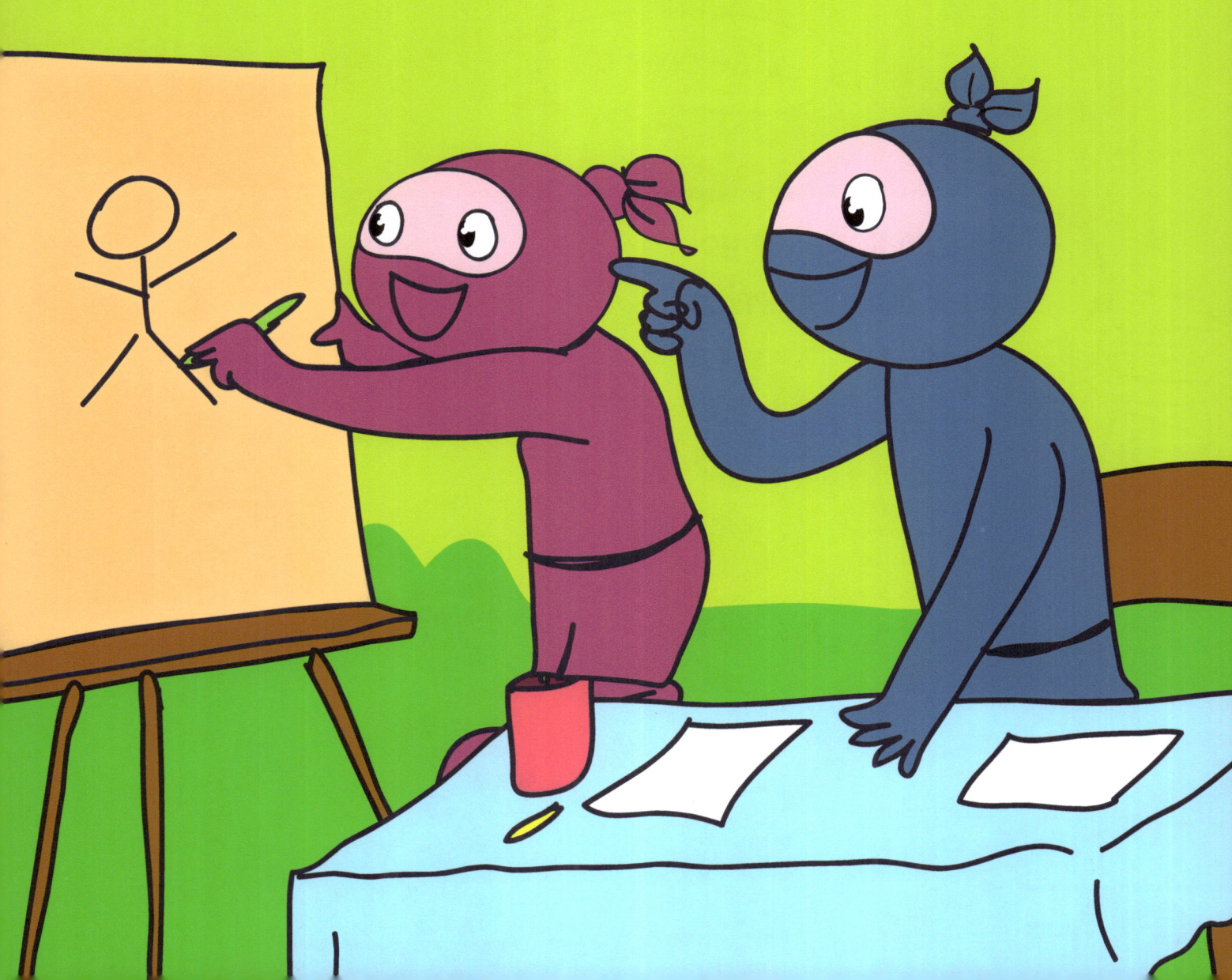

A veces, me ponía negativo...

Empecé a preguntarme si alguna vez me interesaría algo, así que di un paseo para aclarar mi mente.

Deambulé por el vecindario en busca de respuestas.

Ser positivo.

Cuando usamos la positividad cuando pensamos y hablamos, elegimos enfocarnos en lo que es bueno en lugar de lo que es negativo.

Vencer tus miedos.

A veces para crecer tenemos que vencer nuestros miedos. Esto nos ayuda a desarrollar una mentalidad de crecimiento y convertirnos en una persona de acción, cambio y éxito.

Y conquisté mis miedos tratando de leer...

Ahora bien, soy El Ninja Curioso.

Nuestra escuela me ha hecho el Ninja de la semana.
¡Y soy muy bueno en HSV!

¡Recordar HSV podría ser su arma secreta para convertirte en un Ninja Curioso superhéroe!

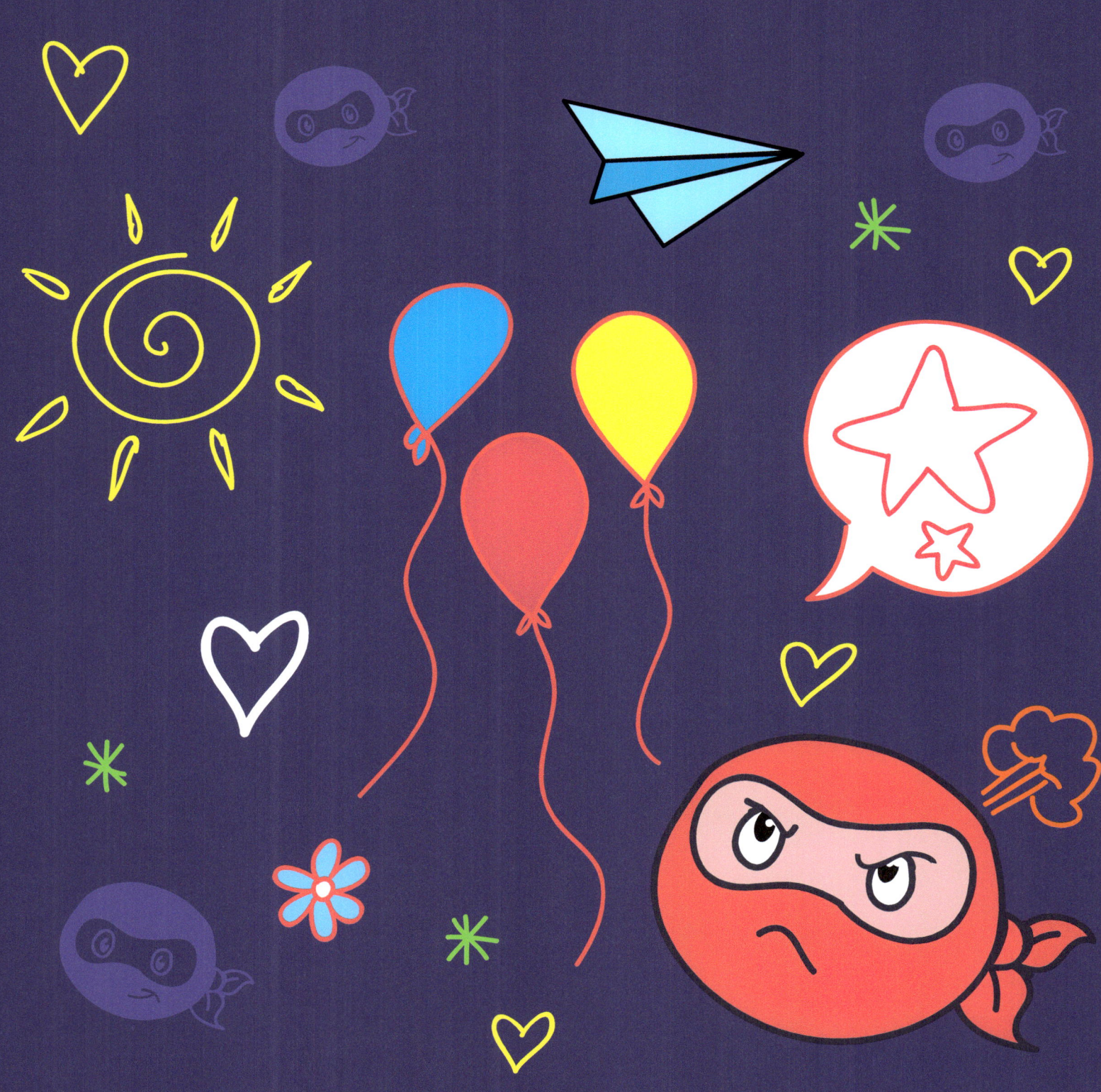

www.ingramcontent.com/pod-product-compliance
Lightning Source LLC
Chambersburg PA
CBHW040209100526
44583CB00002BA/63